PREUVES D'INDÉPENDANCE

DONNÉES

PAR L'ANCIENNE COMMUNE DE BLOIS

PAR

M. A. DUPRÉ,

Bibliothécaire de la ville de Blois.

PARIS

IMPRIMERIE ET LIBRAIRIE ADMINISTRATIVES DE PAUL DUPONT,
15, RUE DE GRENELLE-SAINT-HONORÉ.

1865

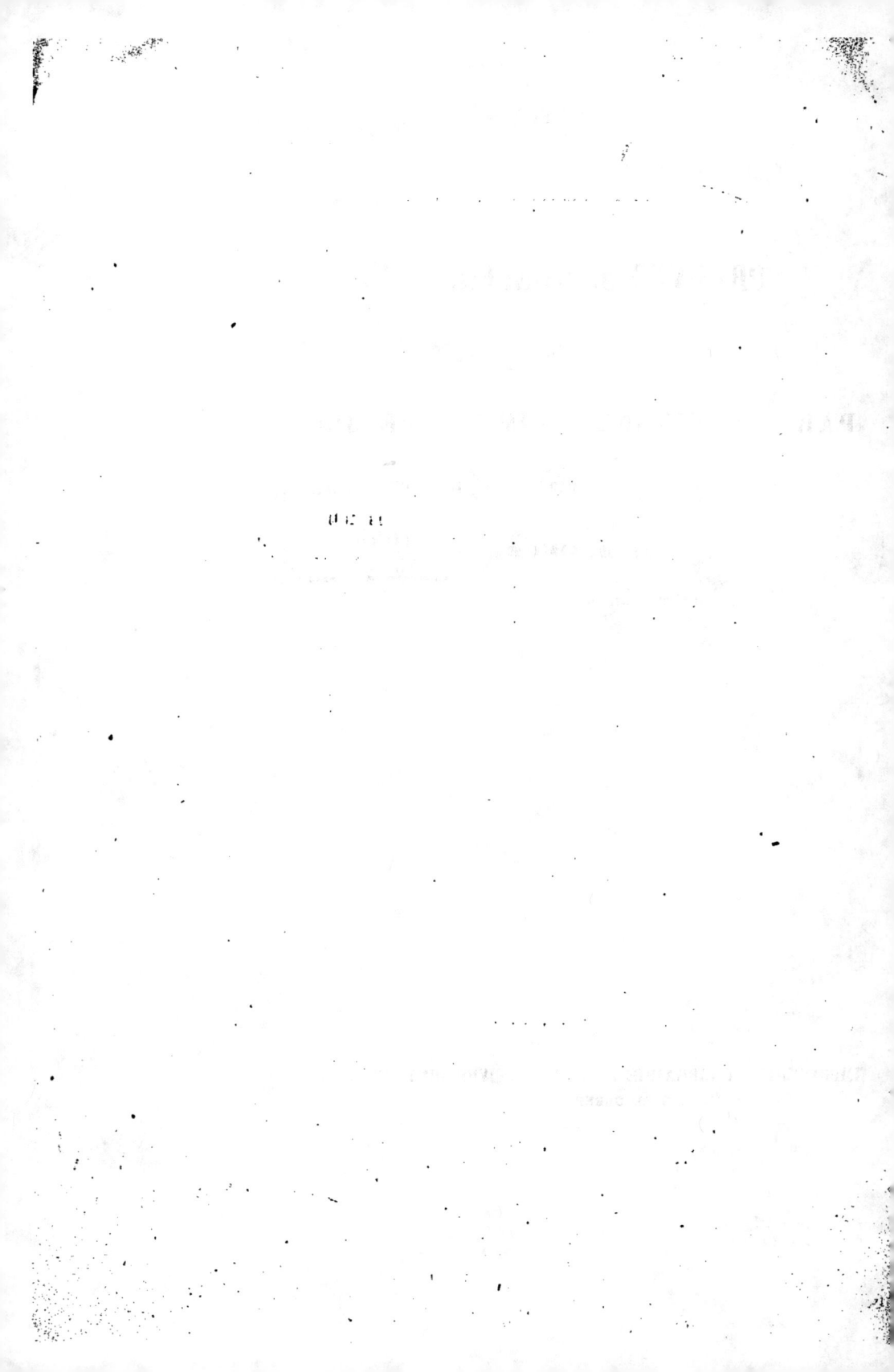

PREUVES D'INDÉPENDANCE

DONNÉES

PAR L'ANCIENNE COMMUNE DE BLOIS.

La vie politique ne fut jamais aussi active dans notre paisible cité que parmi d'autres populations plus remuantes : au besoin, toutefois, cette ville calme et débonnaire montrait de l'énergie et de l'ardeur pour soutenir ses priviléges. Nous allons emprunter à nos vieux registres de délibérations municipales plusieurs témoignages significatifs de cette attitude ferme et déterminée vis-à vis du pouvoir royal ou de ses agents (1).

§ 1. *Priviléges électoraux.*

De temps immémorial, la commune blésoise, représentée par ses notables bourgeois, nommait quatre échevins chargés de l'administrer. Cette élection avait lieu, chaque année, le 28 décembre, *jour et fête des Saints Innocents.* L'assemblée générale du 28 décembre 1585 avait donc été convoquée, suivant l'usage, pour renouveler le corps municipal ; mais un ordre du roi (Henri III), motivé par les bons services qu'avaient rendus les sieurs Belot, Boucher, Peltier et Desmares, échevins en exercice, enjoignit aux habitants de les laisser une année encore, quoiqu'ils dussent régulièrement sortir de charge et faire place à d'autres. Cette suspension imprévue d'un droit respecté jusqu'alors excita de sérieuses alarmes ; l'assemblée y vit une grave atteinte aux priviléges de la cité. Les échevins furent même en public l'objet de personnalités blessantes ; un membre les accusa d'avoir brigué la faveur illégale

(1) Je détache ce fragment d'un travail d'analyse raisonnée sur toute la série desdits registres, qui s'étend de 1567 à 1789. Ce travail manuscrit est déposé à la bibliothèque communale de Blois avec les registres eux-mêmes.

dont le Roi les honorait : à l'instant, ils repoussèrent comme une calomnie cette malveillante inculpation. Finalement, l'assemblée prit un moyen terme : elle prorogea les quatre anciens échevins que Sa Majesté voulait maintenir, en élut deux nouveaux, et décida que la ville ferait des remontrances pour la conservation de ses antiques libertés. Voici textuellement les pièces d'un débat où les susceptibilités personnelles se mêlèrent, comme d'habitude, aux préoccupations d'intérêt public :

« L'an mil cinq cens quatre vingt cinq, le vingthuictiesme jour « de décembre, pardevant nous Raymond Viart, escuyer, sieur de « La Couldraye, gouverneur et bailly de Bloys, assemblée générale « a esté tenue en la maison commune de la ville de Bloys, pour « traicter des mesures et affaires d'icelle, suivant la proclamation « qui en auroit esté faicte, cejourd'hier, de nostre ordonnance, à « son de trompe et cry publicq, par les carrefours de la dicte « ville et forsbourgs, en la manière accoustumée, ainsy qu'il nous a « esté certiffié par Jehan Claude, trompette de la dicte ville. En « laquelle assemblée se sont trouvez et comparus : maistres Symon « Riolle, conseiller du Roy nostre sire, escuyer, lieutenant géné- « ral des bailliage et gouvernement du dict Bloys; Michel Ribier, « lieutenant particulier du dict bailliage; Réné Lemaire, prévost de « Bloys; Paul Garnier, lieutenant de la dicte prévosté; Estiene « Coeffier, conseiller au dict bailliage et siége présidial; Jehan « Daguier, advocat de Sa Majesté en ce dict bailliage; Achilles « Herbelin, procureur de Sa dicte Majesté en la dicte prévosté de « Bloys; honorables hommes Valentin Belot, Jean Boucher, lieute- « nant des eaues et forests du comté de Bloys, et Jacques Desmares, « trois des eschevins de la dicte ville, assistez de maistre Vincent « Guignard, advocat et conseil de la dicte ville ; Gilles Royer, re- « cepveur de la dicte ville ; Michel Hallault, procureur de la dicte « ville, honorable homme Jehan Courtin, sieur de Nanteuil, maistre « Jacques Gode, procureur en l'élection du dict Bloys; Mathieu « Chaumereau, Pierre Leroy, Jacques Ry, Estienne Guyet, Giron, « Jehan Gaultier, Martin Moulier, Louis Vabre, Didier Rousseau, « Pierre Casse, procureur au siége présidial du dict Bloys, et plu- « sieurs aultres notables bourgeois et marchands de la dicte ville « en grand nombre. Après lesquelles comparutions, nous aurions « présenté et lu en la dicte assemblée une lettre à nous envoyée « par Sa Majesté, du vingt deuxiesme du présent mois et an, signée « *Henry*, et plus bas *Pinard* (1), contenant que Sa Majesté ayant

(1) Claude Pinard, ministre secrétaire d'État d'Henri III, était né à Blois.

« esté tellement certiffiée du bon debvoir que les eschevins qui
« sont de présent en charge en la dicte ville ont rendu en l'admi-
« nistration de leur charge, et désirant qu'ils soient continuez en
« la dicte charge, veult et entend qu'il ne soit procédé à nouvelle
« élection d'eschevins, ains continuer ceulx qui sont de présent, et
« aultres lectres de monseigneur le chancelier, du vingt troi-
« siesme du dict mois et an, afin que nous eussions à tenir la main
« à l'exécution de la volonté de Sa dicte Majesté. Qui est cause que
« nous sommes d'advis qu'il ne soit procédé à nouvelle élection
« des dicts eschevins, et suivant la volonté et intention de Sa Ma-
« jesté, que ceulx qui sont à présent soient continuez pour ceste
« année seulement (1). A quoy s'est présenté le dict Courtin, sieur
« de Nanteuil, qui a dict que telles lettres peuvent avoir esté obte-
« nues à la sollicitation de quelques ungs particuliers qui désirent
« la continuation de ceulx qui sont de présent en charge, et que,
« de tout temps et ancienneté, on a accoustumé, à tel jour que est
« aujourd'huy, procéder à nouvelle élection d'eschevins, et que,
« si telles lectres estoient suivies sans aultre forme de nomination
« nouvelle, ce seroit pervertir l'ordre gardé et observé par chacun
« an en telles affaires; et à ceste cause, avant que de procéder à
« telle continuation, il est besoin et nécessaire de faire élection de
« personnes notables et affectionnez au bien public et au service de
« Sa Majesté, pour faire entendre à Sa dicte Majesté ce que dessus
« et icelle supplier de garder et entretenir les habitans de la dicte
« ville en leurs coustumes et privilèges (2). Sur quoy, prins l'advis
« des dicts assistans et premièrement du dict Riolle, lequel a esté
« d'advis que, sans procéder à nouvelle nomination d'eschevins, la
« volonté du Roy et de monseigneur le chancelier par les dictes
« lettres soit du tout suivie et exécutée ; et en ce faisant, que les
« dicts eschevins soient continuez encores pour une année, néant-
« moings, que il est trouvé bon par les dicts assistans que Sa Ma-
« jesté sera suppliée, pour l'advenir, de continuer les habitans de
« la dicte ville en leurs coustumes et privilèges. — Le dict Ribier
« est d'advis que, ayant esgard aux lectres de Sa dicte Majesté et

---

(1) Le bailli Raymond Viart, représentant du pouvoir royal, devait néces-
sairement opiner dans le sens des ordres de sa Majesté, dont l'exécution lui était
confiée.

(2) Le *sieur de Nanteuil*, qui parle ici avec une liberté remarquable, fit éga-
lement preuve d'indépendance aux États Généraux tenus à Blois en 1588. Il
parut à cette grande assemblée, comme l'un des députés du Blésois et comme
secrétaire de l'ordre du tiers : sa famille existait encore à Blois dans ces derniers temps.

« de mons' le chancelier, gouverneur de ceste province (1),
« on doibt suspendre de procéder à aulcune nouvelle nomina'.on
« d'eschevins, et néantmoings, pour la conservation des libertez et
« priviléges octroyez par Sa dicte Majesté aux habitans de ceste
« dicte ville, soyent députez quelques ungs vers Sa dicte Majesté et
« mon dict sieur le chancelier, pour les supplyer très humble-
« ment que, en nous continuant la jouissance des dicts priviléges,
« il plaise à Sa dicte Majesté de permettre de nommer et élire libre-
« ment et promptement deux citoyens notables de ceste ville, affec-
« tionnez au bien public et au service de Sa dicte Majesté, pour
« estre eschevins au lieu des deux antiens qui doibvent sortir sui-
« vant l'ancienne coustume, et que, jusques à ce que on ait entendu
« la volonté et intention de Sa dicte Majesté, on ne doibt procéder
« à aulcune nomination. — Le dict Lemaire est d'advis que la vo-
« lonté du Roy par les dictes lettres soit suivie et exécutée sans
« estre procédé à nouvelle élection d'eschevins, et en ce faisant,
« les à présent eschevins continuez, mais que c'est sans contreve-
« nir aux coustumes anciennes des dicts habitans, et pour ceste
« raison, qu'il sera bon faire les susdictes remonstrances et suppli-
« cations à Sa dicte Majesté. — Le dict Garnier est d'advis que,
« sans qu'il soit besoing procéder à nouvelle élection d'eschevins,
« les dicts eschevins de présent en charge soient continuez suivant
« le voulloir et intent'on de Sa dicte Majesté, mais que avec eulx il
« en soit nommé deux aultres, pour estre continuez l'année pro-
« chaine, afin que l'ordre accoustumé soit en ce gardé et observé;
« et à ceste cause, que les mesmes remonstrances et supplications
« cy-dessus seront faictes à Sa dicte Majesté. — Le dict Coeffier est
« d'advis que, suivant la coustume et règle ancienne, il soit pro-
« cédé à nouvelle élection d'eschevins ; mais, puisque la volonté du
« Roy est que ceulx qui sont à présent en charge soient continuez,
« est d'advis qu'ils demeurent encores pour ung an, et ce, par
« forme de nouvelle élection, et qu'avec eulx il en soit nommé
« deux aultres, pour estre continuez l'année prochaine, à ce que
« l'ordre, de tout temps gardé et observé en ceste affaire, ne soit
« aulcunement perverty à l'advenir, et, par ce, faire que la volonté
« de Sa dicte Majesté ne sera aulcunement altérée (2), laquelle tou-

(1) Philippe Hurault, seigneur de Cheverny en Blésois, chancelier de France,
gouverneur de l'Orléanais, etc.

(2) On voit que plusieurs membres de l'assemblée cherchaient des faux-fuyants
pour éluder les ordres du roi, tout en paraissant les suivre : la forme était
respectueuse, mais l'intention opposante.

« teffois il est d'advis estre suppliée, suivant ce qui a esté dessus
« dict par les préoppinans. — Le dict Daguier est d'advis que, sans
« qu'il soit besoing procéder à nouvelle élection et nomination, la
« volonté du Roy, portée par ses lettres, soit en tout suivie, et en
« ce faisant, les dicts sieurs eschevins continuez; mais, afin que
« l'ordre antien et accoustumé soit à l'advenir gardé et entretenu,
« est aussy d'advis, soubs le bon plaisir de Sa dicte Majesté, qu'il
« en soit nommé deux aultres avec les anciens, lesquels toutesfois
« n'entreront en charge que jusques à ce que Sa dicte Majesté ayt
« faict entendre son voulloir et intention (1); et oultre, est d'advis
« que les remonstrances et supplications susdictes soient faictes à
« Sa dicte Majesté, à ce que les habitans soient cy-après gardez et
« entretenus en leurs priviléges, coustumes et libertez pour ce re-
« gard. — Le Sr Herbelin a dict que, de tout temps, il a esté
« gardé et observé que, procédant à nouvelle élection d'eschevins,
« les eschevins qui sont en charge devroient sortir, suivant la
« forme et coustume anciennes, et touteffois, puisque la volonté du
« Roy est que les à présent eschevins soient continuez, est d'advis
« qu'ils demeurent pour ung an, et ce, par forme de nouvelle élec-
« tion, et que avec eulx il en soit nommé deux aultres, pour estre
« l'année prochaine continuez, affin que l'ordre accoustumé en telle
« affaire ne soit aulcunement perverty; en quoy faisant, il a dict
« que la volonté du Roy ne sera aulcunement altérée, et que, pour
« estre les dicts habitans entretenus et gardez en leurs priviléges
« et coustumes anciennes, il est d'advis que les remonstrances et
« supplications susdictes soient faictes à Sa dicte Majesté. — Le
« dict Gode est d'advis qu'il soit procédé à nouvelle élection, selon
« la forme ancienne; touteffois, puisque l'intention du Roy est que
« ceulx qui sont à présent eschevins demeurent encores continuez,
« est bien d'advis qu'ils demeurent encores pour ung an, et avec
« eulx deux aultres en forme de nouvelle élection, et que les dictes
« remonstrances et supplications doibvent estre faictes à Sa dicte
« Majesté pour le temps advenir. — Le dict Chaumereau, de pareil
« advis. — Le dict Pierre Ry, de pareil advis: — Le dict Giron, de
« pareil advis, etc..... Ce faict, les dicts eschevins ont remonstré
« qu'ils ne sçavent les occasions qui ont meu le Roy, de vouloir

(1) M. Daguier, *avocat du roi*, pose d'abord en principe la soumission au
pouvoir, et c'est à peine s'il ose ensuite prononcer le mot de *remontrances*. On
remarque la même timidité et le même embarras dans le langage des fonction-
naires, membres de l'assemblée municipale. Le sieur Courtin de Nanteuil et les
autres membres indépendants exprimèrent plus librement leur opinion.

« leur continuation ; toutesfois, puisque ainsy plaist à Sa dicte
« Majesté, qu'ils s'employeront de tout leur pouvoir à l'exécution
« de leur charge ; mais, cognoissant les grandes affaires qui peu-
« vent advenir à l'occasion, tant des guerres que de la peste, sy
« Dieu n'a pitié de nous, qu'ils seroient bien d'advis, soubs le bon
« plaisir du Roy, qu'il en fust encores nommé deux aultres pour les
« secourir et soulager, ont nommé pour estre avec eulx, soubs le
« bon plaisir du Roy, noble homme Guillaume de Vernaison, secré-
« taire de Sa dicte Majesté, et Jehan Boismartin, marchand, demeu-
« rans en ceste ville de Bloys. — Partant, a esté conclud et arresté
« qu'il sera faict remonstrance à Sa Majesté, pour icelle supplier
« de continuer les habitans de la dicte ville en leurs privilèges, et,
« suivant iceulx, qu'ils puissent élire deux eschevins, avec les qua-
« tre susdicts antiens qui sont continuez, suivant la volonté de Sa
« dicte Majesté ; et à ceste fin ont les dicts assistants, soubs le bon
« plaisir de Sa dicte Majesté, nommé et élu, avec les dicts antiens,
« honorables hommes Guillaume de Vernaison, secrétaire de Sa
« dicte Majesté, et Jehan Boismartin, marchand, demeurans en
« ceste ville afin que l'ordre et la forme antienne puisse estre resta-
« blis à l'advenir, et cependant, et jusques à ce que, par Sa
« dicte Majesté en aye esté ordonné, que les dicts à présent
« eschevins continueront en leur charge, et ordonné que les
« dictes lettres, tant de Sa Majesté que de Monseigneur le chan-
« celier, seront insérées et enregistrées en la fin des présentes. »
Ensuit la teneur des dictes lettres, et premièrement celles de Sa
dicte Majesté *à nous* (1) envoyées.

« 1° De par le Roy. Nostre amé et féal, nous avons esté tellement
« certifiez du bon debvoir que les eschevins de la ville de Bloys ont
« rendu en l'administration de leur charge, que nous en avons tout
« contentement, et désirons qu'ils y soyent encores continuez,
« occasion pourquoy, s'approchant le temps que l'on a accoustumé
« de faire nouvelle élection d'eschevins, nous voulons et vous man-
« dons qu'il ne soye procédé à nouvelle élection d'eschevins, mais
« continuez ceulx qui le sont à présent, lesquels, par ceste pré-
« sente, nous contynuons, sur l'asseurance que avons qu'ils s'en
« acquittent, comme ils ont faict, à nostre satisfaction et au bien
« particulier de tous les habitants de la ville. Donné à Paris, le
« vingt deuxiesme jour de décembre mil cinq cens quatre vingts
« cinq ; ainsy signé *Henry*, et plus bas *Pinard*, et au dessus : *A*

(1) C'est Raymond Viart, bailli de Blois, qui parle.

« *nostre amé et féal conseiller le gouverneur et bailly de Bloys ou*
« *son lieutenant.* »

« 2° De par le Roy. Chers et bien amez, nous avons tant de con-
« tentement du bon service que vous avez rendu à l'administra-
« tion de vos affaires, que nous désirons que vous y soyez encores
« continuez, et pour ceste occasion, nous escrivons au gouverneur
« ou bailly de Bloys ou son lieutenant, venant le temps que l'on a
« accoustumé procéder à nouvelle élection d'eschevins, qu'il fault
« cesser la dicte élection et vous continuer en vos charges, comme
« nous vous y continuons, sur l'asseurance que avons que, comme
« vous avez bien faict, vous y persévererez, et aurez l'œil au repos
« et conservation de vostre ville et de tous les dicts habitans
« d'icelle. Donné à Paris, le vingt deuxiesme décembre mil cinq
« cens quatre vingts cinq. Ainsy signé : *Henry*, et plus bas :
« *Pinard;* et dessus : *A nos chiers et bien amez les eschevins de*
« *nostre ville de Bloys, à Bloys.* »

« 3° Messieurs, vous verrez par les lettres du Roy que je vous en-
« voye, quelle est la volonté et intention de Sa Majesté sur la con-
« tinuation des eschevins qui sont de présent en charge; il en
« escript aussy à monsieur le lieutenant général et aux dicts esche-
« vins; et, en m'assurant que vous tiendrez la main à l'exécution
« de sa dicte volonté, je ne vous escriproy aultre chose; seulement
« vous prieroy de m'advertir toujours de tout ce qui se passera par
« delà; me recommandant très affectueusement à vostre bonne
« grâce, je prieroy Dieu, monsieur, vous donner et santé longue et
« heureuse vye. De Paris, ce vingt troisiesme jour de décembre
« mil cinq cens quatre vingts cinq. Et plus bas : Vostre bien affec-
« tionné et meilleur amy, pour vous obeyr, *Cheverny;* et au
« dessus : *A monsieur, monsieur le bailly de Bloys.* »

« — L'an mil cinq cens quatre vingts six, le lundy unziesme jour
« de janvier, en l'assemblée tenue en la maison commune de la ville
« de Bloys, où estoient messire Raymond Viart, conseiller du Roy
« nostre Sire, bailly et gouverneur de Bloys; maistres Michel de
« Nantonville, conseiller de Sa Majesté, lieutenant criminel du dict
« bailliage; Paul Garnier, lieutenant de la prévosté de Bloys;
« Estienne Coeffier, conseiller au siége présidial du dict Bloys;
« Jean Daguier, advocat de Sa Majesté au dict bailliage; Achilles
« Herbelin, procureur du Roy en la dicte prévosté; honorables
« hommes Me Jehan Boucher, lieutenant des eaues et forests du
« conté de Bloys, et Jacques Desmares, deux des dicts eschevins
« de la dicte ville; Gilles Rayer, recepveur de la dicte ville; noble

« homme Loys Courtin, sieur de Nanteuil : — A esté présenté par
« les dicts eschevins une lettre de Sa Majesté, du quinziesme jour
« du présent mois, signée *Henry*, et plus bas *Pinard*, par laquelle
« Sa dicte Majesté déclare qu'elle a pour agréable la nomination de
« deux nouveaux eschevins pour estre avec les quatre antiens
« qu'elle a voullu estre continuez, à sçavoir des personnes de
« noble homme Guillaume de Vernaison, secrétaire de Sa dicte
« Majesté, et honorable homme Jehan Boismartin, marchand, de-
« meurant à Bloys, desquelles ayant esté faict lecture par nostre
« greffier, a esté par nous, bailly et gouverneur susdict, prins et
« receu le serment du dict Boismartin cy présent, par lequel il a
« promis bien deuement et fidellement vacquer au faict de la dicte
« charge, et, à son pouvoir, garder et conserver le bien de la dicte
« ville, et s'employer, tant pour le service de Sa Majesté que des
« habitants d'icelle ; dont luy avons donné acte. Et sur ce que les
« eschevins ont requis les dictes lettres estre enregistrées au re-
« gistre de la dicte ville, s'est présenté le dict sieur de Nanteuil,
« qui a supplyé la compagnie assistante que telles lettres ne soyent
« encores enregistrées, d'aultant qu'il a l'intention de se purger de
« ce qui luy est imposé par les dictes lettres, parceque, en l'assem-
« blée qui fut dernièrement faicte pour l'élection de nouveaux
« eschevins, il n'a dict aulcune chose qui touche le respect et
« obéissance qu'il doibt au service de Sa dicte Majesté, et que
« aulcuns de ses malveillans ennemis peuvent avoir faict entendre
« à Sa dicte Majesté choses qui ne sont véritables, et èsquelles il
« n'a oncques pensé ; nous supplians, à ceste cause, pour sa justi-
« fication, luy en donner acte et descharge (1). Sur quoy, ayant
« faict retirer le dict Courtin, et prins sur ce l'advis de la dicte
« présente compagnie, a esté arresté que copye et extraict de
« l'acte de la dicte assemblée dernière luy sera délivrée par nostre
« greffier, pour se pourvoyr ainsy qu'il verra bon estre, et que les
« dictes lettres ne seront point enregistrées (2). »

§ 2. *Priviléges militaires.*

Notre ville, qui prétendait avoir le droit et les moyens de se
garder elle-même, résista longtemps à l'installation de gouverneurs

---

(1) Malgré les protestations du sieur Courtin, il avait réellement contredit la
volonté du roi; au reste, son attitude aux États de 1588 prouva bientôt qu'il
était homme d'opposition.

(2) Ce refus d'enregistrement était un acte d'improbation tacite.

pris en dehors de son sein, ou de garnisons stipendiées ; elle repoussait, comme attentatoire à ses franchises les plus chères, l'introduction dans ses murs d'une force armée aux ordres du pouvoir royal : telle fut, par exemple, sa conduite indépendante en 1585. — La Ligue naissante commençait alors à troubler les provinces. En présence de ce nouveau danger, Henri III résolut d'envoyer à Blois un gouverneur et une garnison pour protéger le pays contre toute entreprise hostile. Au premier avis de cet acte d'autorité, ou plutôt de cette simple velléité, la commune s'émut et protesta par des remontrances explicites : deux délégués *ad hoc* furent chargés de porter ces plaintes directement au pied du trône ; ils s'acquittèrent avec zèle de leur mission délicate et revinrent munis d'une lettre de Sa Majesté, qui révoquait les pouvoirs de gouverneur conférés au sieur Gerbais, et qui laissait aux magistrats de la cité le plein exercice de leurs attributions accoutumées. Les libertés locales obtinrent gain de cause, mais à condition que la ville ne négligerait rien pour sa propre défense. En effet, elle se mit en mesure de déjouer toutes les tentatives séditieuses......

La première missive du Roi, conçue en termes assez impératifs, avait provoqué immédiatement la délibération suivante :

« Le jeudy, neufviesme jour de may mil cinq cens quatre vingts
« cinq, à l'heure d'une heure après midy, en la maison commune
« de la ville de Bloys, suivant la convocation générale publiée à
« son de trompe par les carrefours de ceste ville et faulxbourgs, se
« sont, au dict lieu et jour, trouvez et comparus nobles hommes
« messire Pierre Sarred, conseiller du Roy et trésorier général de
« ses finances en la généralité de Bloys (1), sieur de Moran ; Sy-
« mon Riolle, conseiller du Roy nostre Sire, lieutenant général au
« dict bailliage ; Michel de Nautonville, conseiller du Roy et lieu-
« tenant criminel du dict bailliage ; Michel Ribier, aussy conseiller
« du Roy, lieutenant particulier du dict bailliage ; René Lemaire,
« prévost du dict Bloys ; Jacques Rigault, Estienne Coüeffier, aussy
« conseiller du Roy au siège présidial du dict Bloys ; Denis Viart,
« maistre des eaues et forests du dict comté de Bloys ; honorables
« hommes Jehan Boucher et Jacques Desmares, deux des eschevins
« de la dicte ville, assistez de Me Vincent Guignard, advocat et
« conseil d'icelle ville ; Me Garnier, élu pour le Roy au dict bail-
« liage ; Jehan Courtin, sieur de Nanteuil, Jehan Robin, Georges
« Guérin, sieur de la Sistière, Pierre Chicoyneau, controleur du
« domayne de ceste dicte ville ; noble homme Michel Filleul, sieur

(1) C'était le président de la Chambre des comptes de Blois.

« des Gasts et secrétaire du Roy ; Jacques Ry, Me Léonard Richer,
« éleu ; Jacques Descobichon-Montigny, marchand, Me Paurois, pro-
« cureur au siége présidial... (1), et plusieurs aultres manans et habi-
« tans de dicte ville et faulxbourgs, tant bourgeois, marchands que
« aultres, jusques au nombre de *quatre ou cinq cens personnes* (2), où
« en icelle assemblée ont esté présentées par le dict sieur Riolle
« lectres closes du Roy, en date du cinquiesme du présent mois,
« signées *Henry*, et plus bas *Bruslart*, portant icelles commande-
« ment de recepvoir en ceste ville le sieur de Gerbais pour gouver-
« ner en icelle ; ensemble ont esté aussy par les dicts sieurs esche-
« vins présentées deux aultres lettres, à eulx envoyées à ceste fin
« tant par M. de Cheverny que par M. de Rochefort, gouverneur
« de ceste ville, datées, scavoir celles du dict sieur de Cheverny,
« du quatriesme de ce mois, et celles du dict sieur de Rochefort du
« dict jour cinquiesme aussy du dict présent mois, desquelles
« lettres a esté par le greffier de la dicte ville faict lecture en la
« dicte assemblée, affin que chacun aye à en dire son opinion et
« advis. Et après la dicte lecture faicte, nous, lieutenant géné-
« ral susdict, avons prins l'advis de tous les dicts assistans, et pre-
« mièrement des dicts eschevins, lesquels, par l'organe du dict
« Guignard, advocat et conseil de la dicte ville, ont dict qu'ils
« n'ont oncques congneu ny entendu qui a meu la Majesté du
« Roy pour ordonner le dict sieur de Gerbais pour commander en
« ceste ville et y faire et tenir rang de gouverneur, que ce n'a esté
« par leur prière et requeste, d'aultant aussy que, dès long temps,
« Raymond Viart, escuier, a esté pourveu de l'estat et office de
« gouverneur et bailly de ceste dicte ville, et icelui bien et
« deuement exerce, et faict, en ceste charge et fonction, bon et
« loyal debvoir, comme encores il faict par chacun jour, au con-
« tentement des manans et habitans de la dicte ville, et pour la
« mainctenir et conserver en l'obéissance de Sa Majesté, tellement
« qu'il n'en est advenu aulcune faulte, et l'ont toujours congneu
« fort affectionné à faire le debvoir de sa charge, en quoy ont les
« dicts habitants esté et sont soullagez des grands frais qu'il leur
« conviendroit faire, si aultre que luy estoit pourveu en la dicte
« charge, ce qui seroit au grand préjudice de la dicte ville, qui se
« peut bien mainctenir, conserver et garder soubs le commande-

(1) Je passe une série de noms insignifiants.
(2) Ce nombre prouve l'importance que les Blésois d'alors attachaient à une
question vraiment brûlante.

« ment du dict sieur Viart, sans entrer en telle excessive despence
« qu'il conviendroit faire si aultre y estoit pourveu ; à ceste cause,
« ont été et sont d'advis, soubs le meilleur advis de la compagnie,
« qu'il est expédient d'envoyer vers la Majesté du Roy deux nota-
« bles citoyens de ceste ville, pour luy faire les remonstrances
« susdictes et supplier Sa Majesté de ne rien innover pour le faict
« susdict, ains laisser les choses en l'estat qu'elles sont à présent ;
« et pour cet effect, ont nommé nobles hommes Michel de Nauton-
« ville, lieutenant criminel de ce bailliage, et le sieur Jacques Des-
« mares, l'un des eschevins de ceste dicte ville. Et après avoir
« aussy particulièrement de tous les aultres assistans prins l'advis
« et opinion, a esté par eulx le dict advis et nomination trouvé
« bon, et s'y sont tous concordablement et unanimement condes-
« cendus. Et partant, de l'advis commun de tous les dicts assis-
« tans, a esté conclud et arresté que les dicts sieurs lieutenant
« criminel et Desmares, eschevin, se transporteront vers la Majesté
« du Roy, pour luy faire entendre les susdictes remonstrances et
« supplier très humblement Sa dicte Majesté qu'il luy plaise avoir
« pour agréable de continuer au dict sieur Viart le commandement
« en ceste ville, sans y en establir aultre au préjudice de son estat
« et charge. »

La seconde dépêche, qui faisait droit à cette requête, fut mieux
accueillie que la première, car elle s'exprimait ainsi :

« De par le Roy, chers et bien amez, nous avons entendu par vos
« lectres ce qui nous a esté remonstré de la part de ceulx que vous
« avez députez, le bon vouloir que vous avez mis à la garde et
« conservation de vostre ville, et avec combien d'affection et fidé-
« lité vous estes résolus de la mainctenir en nostre obéissance.
« Dont nous avons receu beaucoup de contentement, ayant volonté
« de nous en reposer sur vostre diligence et fidélité, sans y vou-
« loir mettre aulcune garnison, et encores que nous vous ayons
« mandé par cy devant que le sieur de Gerbais, nostre maistre
« d'hostel, vous pourroit ayder et nous servir en ceste occasion.
« Touteffois, ayant congneu, par la délibération que vous avez
« faicte en vostre assemblée de ville, que vous ne désirez avoir
« aultres que ceulx de vostre ville mesme, et aussy, pour la bonne
« opinion que nous avons du bailly et aultres nos officiers, nous
« trouvons très bon que vous continuyez comme vous avez très
« bien commencé, y apportant toute l'affection et diligence que
« bons et fidèles subjects doibvent à leur Roy et au bien, seureté et
« repos de leur patrie, désirant aussy que vous faciez observer

« l'ordonnance par nous faicte, comme nous voulons qu'elle soit
« généralement entretenue par toutes les villes de nostre royaulme,
« par laquelle entendons qu'il n'y aye aulcuns des manans et ha-
« bitans de nos dictes villes qui soye exempt d'aller à la garde,
« quelque privilège qu'ils puissent avoir, feussent nos officiers
« mesmes, attendu que c'est le commun bien de tous, et que les
« chefs des maisons y doibvent mesme aller, à l'exemple de ceste
« nostre bonne ville de Paris; et s'il survient quelque chose qui
« mérite que nous en soyons advertis, vous ne fauldrez incontinent
« de ce faire. Escript à Paris, ce quatorziesme jour de may 1585,
« signé : *Henry;* et plus bas : *Bruslart;* et suscript : *A nos*
« *chers et bien amez les bailly, lieutenant, et nos officiers, eschevins,*
« *manans et habitans de la ville de Bloys.* »

A cette réponse bienveillante se trouvait jointe une lettre non
moins gracieuse du chancelier Hurault de Cheverny, protecteur-né
des Blésois, ses compatriotes ; la voici textuellement :

« Messieurs, j'ay entendu, par ceulx que vous avez députez vers
« le Roy, la délibération que vous avez faicte en vostre maison
« de ville et le désir que vous avez que aulcun aultre ne soye em-
« ployé à la garde et conservation de vostre ville que vous mesmes.
« Vous verrez la réponse que Sa Majesté vous en faict et l'asseu-
« rance qu'elle prend de vostre affection, fidélité et diligence, et
« je croy que vous ne doubtez point que je ne soye bien ayse de
« me conformer toujours en ce que je cognoistray vous estre
« agréable, scachant, comme je scay certainement que toutes vos
« affections ne tendent que au service de Sa Majesté, bien, conser-
« vation et seureté de vostre ville, à quoy je m'employeray tous-
« jours pour y servir en tout ce que je pourray, comme les effects
« qui dépendront de moy vous en rendront tousjours certain
« tesmoignaige; et me recommandant bien affectueusement à vos
« bonnes graces, je prieray Dieu, Messieurs, vous tenir en sa
« saincte garde. De Paris, ce quatorziesme may 1585, vostre bien
« affectionné voysin et asseuré ami *Cheverny.* »

On voit que le gouvernement se prêta, de la meilleure grâce
possible, aux désirs respectueux, mais explicites, des habitants de
Blois. Néanmoins, cet échange final de bons procédés et de poli-
tesses commença par un acte sérieux de résistance aux ordres de
la cour.

Dans une autre circonstance, la ville prévint l'exécution de mesures analogues. En effet, Catherine de Médicis, ayant égard à une
réclamation semblable, permit à nos ancêtres de continuer à se

défendre librement, sous l'autorité de leurs magistrats ordinaires
et par les seules armes de leur milice bourgeoise régulièrement or-
ganisée. Cet incident local se trouve consigné dans le document
qui suit :

« Du vingt troisiesme jour d'apvril mil cinq cens quatre vingts,
« en la chambre du Conseil de la maison commune de la ville de
« Bloys, où estoient assemblez messieurs : Me Michel Ribier, con-
« seiller du Roy, lieutenant particulier du bailliage et gouverne-
« ment du dict Bloys; Me Réné Lemaire, prévost du dict Bloys ;
« Sr Paul Garnier, lieutenant de la dicte prévosté; Sr François
« Demoulins, doyen de Bloys (1); Sr Sébastien Garnier, advocat du
« Roy ; Sr Jacques Rigault, conseiller ; Sr Nicollas Chauvel, maistre
« des comptes à Bloys ; Me Vincent Guignard, advocat et conseil
« de la dicte ville ; les Srs de Chastullé et de La Halle, eschevins ;
« Me François Bauldry, président aux elleus (2) ; le Sr de La Pitar-
« dière, Robert Bugy, bourgeois; Me Achilles Herbelin, advocat au
« dict Bloys; le controlleur Perdriau, les capitaines (3) La Sistière,
« Garnier, Chaumereau et Leroy : — Sur ce qui a esté remonstré,
« de la part des dicts eschevins, que, sur l'advertissement qui leur
« a esté donné de l'achemynement de messieurs les bailly et lieute-
« nant général de Bloys vers la royne mère du Roy, au lieu de
« Chenonceau (4), afin de faire entendre à Sa Majesté ce qui s'est
« passé, ces jours derniers, pour le faict du commandement des
« armes en la dicte ville; et d'aultant qu'il est à craindre que, pour
« leurs dissentions et débats, la dicte dame voulsist (5) ordonner
« soit ung gentilhomme pour y commander, ou bien y faire en-
« voyer garnisons, leur a semblé bon de faire faire la présente as-
« semblée, afin d'adviser s'il seroit séant de députer quelques
« nobles personnages de la dicte ville, pour aller vers la dicte
« dame et luy faire entendre toutes choses passées entre eulx, et
« les moyens que la dicte ville a de se conserver: la matière mise
« en délibération, et sur ce pris l'advis des dicts assistans, a esté,
« par leur advis commung, conclud et arresté que promptement et
« en diligence il sera envoyé vers la dicte dame, pour, selon qu'il

(1) Doyen du chapitre de Saint-Sauveur, église collégiale située auprès du
château de Blois.
(2) Au tribunal de l'*Élection*.
(3) Capitaines de la milice bourgeoise.
(4) Cette jolie résidence des bords du Cher, en Touraine, appartenait alors à
la reine mère.
(5) Voulût.

« pourra apprendre soit du dict S^r bailly ou du dict S^r lieutenant,
« et qu'il cognoistra les affaires estre disposées, faire entendre à Sa
« Majesté ce qui s'est passé, pour la supplier, au nom de la dicte
« ville, de les maintenir en ses graces et de tenir les dicts habitans
« pour ses très obéissans serviteurs et subjects, et ne les vouloir
« charger de chose qui puisse apporter despense et charge à la
« dicte ville ; et pour faire le dict voyage, ont esté députez le dict
« sieur président des elleus et le Sr Cueur, receveur. »

« — Aultre assemblée pour mesme effect que la précédente : —
« Du vingt cinquiesme jour d'apvril 1580, en la chambre du Conseil
« de la maison commune de la ville de Bloys, où estoient (1). . .
« . . . .
« Le sieur Symon Riolle, lieutenant général, président en la dicte
« assemblée, a faict entendre l'achemynement qu'il avoit faict de
« naguères vers la dicte dame à Chenonceau, laquelle auroit eu pour
« agréable tout ce qui s'estoit faict et passé en la dernière assemblée
« générale, pour le faict du commandement, etc. »

§ 3. *Priviléges financiers.*

Dès la première année de son avénement à la couronne, Louis XII
accorda aux habitants de Blois *intra muros* (mais non à ceux des
faubourgs) une exemption des tailles et autres charges publiques
spécifiées dans les lettres patentes du mois de novembre 1498 (2).
Les termes du préambule sont flatteurs pour les habitants de cette
bonne ville, et méritent d'être rappelés ici, comme témoignage de
leur fidélité aux principes d'ordre et des sentiments affectueux que
le Père du peuple avait voués à sa ville natale : « Nous, disait-il,
« savoir faisons à tous présens et advenir que, ayant regard à ce
« que ceste nostre ville de Bloys est le lieu de nostre nativité, en
« laquelle nous avons esté nourry tout nostre jeune age, et que en
« icelle feuz nos très chier seigneur et père, dame et mère, en leurs
« vivans, y ont faict leur principale demeure et résidence ; considé-
« rans aussy que eulx et nous pareillement avons tousjours trouvé
« les bourgeois, manans et habitans de la dicte ville bons, loyaulx
« et fidèles, et très prompts, enclins et délibérez de nous gra-
« tifier et complaire en ce qu'il nous a plu commander et ordon-
« ner, voulans, en considération de ce et de l'amour naturel

(1) Les mêmes que précédemment.
(2) *Preuves de l'histoire de Blois*, de Bernier, p. xxxvii.

« que leur portons, les traiter favorablement, et mesmement, à
« cestuy nouvel advénement à la couronne, leur octroyer quelques
« grâces, privilèges et libertez dont eulx et les leurs se puissent
« sentir à l'advenir, ainsy qu'ils ont loyaulment mérité, afin qu'ils
« aient cause et matière de persévérer et continuer de bien en
« mieulx en la bonne amour, loyaulté et obéissance qu'ils ont tous-
« jours maintenues envers nous, sans varier ; aussy, qu'ils se puis-
« sent *rséouldre* (1) des grandes et comme importables charges
« qu'ils ont cy-devant soustenues, en nostre très grande desplai-
« sance, et que, en ce faisant, nostre dicte ville se puisse amé-
« liorer et augmenter, comme de tout nostre cueur le dési-
« rons....., etc. »

La ville de Blois défendit ce privilége toutes les fois qu'elle le
crut menacé. En 1634, notamment, nous voyons une assemblée
municipale se prononcer en termes explicites, comme il suit :

« Sur ce qui a esté remonstré par les sieurs eschevins qu'ils
« auroient eu advis que Sa Majesté veult taxer les habitans de
« ceste ville aux tailles et restablir la taille en ceste dicte ville
« pour l'advenir, a esté résolu et arresté que le sieur Huart, l'un
« des dicts eschevins, se transportera en la ville de Paris, pour
« faire en sorte que ceste dicte ville de Bloys soit conservée en
« l'exemption de la dicte taille, suivant ses anciens priviléges.
« (Délibération du 28 janvier 1634.) »

L'année précédente, la ville de Blois s'était formellement unie à
celle de Tours, dans le but de repousser en commun une prétention
insolite du fisc, qui semblait de nature à compromettre les droits
et franchises de ces deux cités voisines, jouissant l'une et l'autre
des mêmes exemptions en matière d'impôt :

« Assemblée particulière tenue en la maison commune de ceste
« ville de Bloys, le mercredi troisiesme d'aoust mil six cens trente
« trois, où estoient messieurs Chauvel, président ; Marchant, con-
« seiller de la banlieue ; Bonvoust, procureur du Roy ; Butel,
« Thierry, Huart et Garnier, eschevins ; Baudry, receveur ; mes-
« sieurs du Conseil de ville, à scavoir : Ribier, etc. ;

« Pour délibérer sur des affaires de la dicte ville et sur la lettre
« dont la teneur ensuit :

« Messieurs, députant à Paris pour la solution d'une affaire en
« laquelle vous avez mesme intérêt que nous, avons trouvé à pro-
« pos de vous en donner advis, afin que toutes nos réclamations

(1) Acquitter.

« joinctes ensemble rendent nostre droict plus considérable ; la
« question est sy les habitans des villes franches peuvent estre
« mis à la taille pour raison des héritages qu'ils ont aux paroisses
« circonvoisines, qu'ils font valoir à moitié, et pour leurs vignes
« qu'ils font valoir à argent, quelques particuliers habitans de ceste
« ville y ayant été mis en deux ou trois villages circonvoisins, ce
« qui a donné subject au procès qui, par appel de la sentence de
« messieurs les éleus, est dévollu en la cour des aydes. Il n'y a
« point de doubte que l'arrest qui interviendra pour nous, fera loy
« pour les aultres. C'est pourquoy nous avons pensé que vous
« trouveriez bien à propos de faire aussy quelque députation de
« vostre part, synon, au moings d'employer vostre crédit et celuy
« de vos amis. En attendant ce qu'il vous plaira en résouldre, nous
« demeurons vos très affectionnez, les maire et eschevins de
« Tours..... »

« Sur quoy a esté conclud et arresté que le sieur Huart, eschevin
« de la dicte ville de Bloys, se transportera à Paris, pour solliciter
« conjoinctement l'affaire dont est question, pour l'intérest de la
« dicte ville. »

En 1786 et 1787, la ville de Blois eut à soutenir, pour son propre compte, un semblable procès, et obtint encore gain de cause
devant la cour des aides de Paris (1).

Les contributions trop lourdes, exigées pour l'entretien des
troupes, n'étaient pas plus favorablement accueillies que les tailles.
En 1655, une de ces levées de deniers provoqua la délibération
suivante :

« Assemblée particulière tenue en la maison commune de Bloys,
« le quinziesme juillet 1655, où estoient messieurs Grymaudet,
« lieutenant général, président de la dicte assemblée ; Bauldry, pro-
« cureur du Roy ; Hardouin, Durand, Le Prince et La Saussaye,
« eschevins ; Charron, Druillon, Huart et Begon, conseillers de
« ville. — Sur la proposition faicte par les dicts sieurs eschevins,
« que les sieurs esleus de ceste ville les avoient advertys de ce
« qu'ils sont pressez d'imposer présentement sur cette ville et
« faulxbourgs la somme de dix neuf mil livres, au lieu de l'usten -
« sile (2) qui se fournissoit auparavant en nature aux gens de
« guerre, et qu'ils ne peuvent faire la dicte imposition sur les gens

(1) Délibérations municipales des 11 mai 1786 et 16 novembre 1787.
(2) Munitions et provisions pour la nourriture et l'entretien des troupes en
quartier d'hiver.

« de la campagne, à cause des surcharges extraordinaires de la
« taille depuis trois ou quatre ans ; comme la sollicitation de cette
« affaire est très importante à la dicte ville et à tout le pays, les
« dicts sieurs eschevins estiment qu'il est à propos de députer à
« Paris ; la matière mise en délibération, a esté conclud et arresté
« que, pour obtenir arrest du Conseil portant descharge de la
« somme cy-dessus et faire diminuer autant qu'il se pourra l'impo-
« sition de la dicte élection de Bloys, le sieur de La Saussaye (1),
« l'un des eschevins, demeure député à Paris. »

Notre ancienne municipalité tenait surtout à gérer seule, et sans
contrôle supérieur, ses revenus particuliers. Voilà pourquoi, en
1629, elle combattit l'institution de nouveaux offices, qui tendaient
à restreindre son autonomie financière. Cette velléité de centrali-
sation administrative émut les représentants de la commune et leur
suggéra une protestation en bonne forme, dont voici le texte :

« En l'assemblée tenue en la chambre du conseil de la ville de
« Bloys, le 28 febvrier 1629, où estoient messieurs Leconte, lieute-
« nant général ; Courtin, procureur du Roy ; Druillon, Gaschet et
« Tessier, eschevins ; Chicoyneau, recepveur de la dicte ville ;
« messieurs du conseil d'icelle, à scavoir Mrs Ribier, de Villiers,
« Leroux et Delorme. — Sur ce qui a esté remoustré par les dicts
« sieurs eschevins, qu'ils ont eu advis de la création de deux offices
« d'intendans particuliers des deniers commungs et d'octroys des
« villes en chacune élection, et que l'establissement des dicts of-
« fices va au préjudice de ceste maison (2) et à la diminution de
« ses droicts, et qu'il seroit à propos de trouver moyens pour
« empescher l'establissement d'iceulx en ceste ville ; la matière
« mise en délibération, a esté résolu et advisé de s'opposer au dict
« establissement ; et pour cet effect, que les dicts sieurs eschevins
« donneront charge au sieur Bauldry, leur confrère, estant de pré-
« sent en la ville de Paris, de former les oppositions et empesche-
« ments où besoing sera..... »

Nous pourrions, à l'aide des registres de délibérations, multiplier
les preuves authentiques de l'attachement de nos pères à leurs
franchises municipales. Au reste, notre analyse détaillée de cette
collection précieuse a déjà fait connaître la vivacité d'un sentiment
qui honore l'ancienne commune de Blois. L'illustre et regrettable

(1) Aïeul de M. de la Saussaye, membre de l'Institut et recteur de l'Acadé-
mie de Lyon.
(2) De cet hôtel de ville, de cette administration municipale.

historien du tiers état, M. Augustin Thierry, aurait aimé sans doute à produire et à mettre en relief ces libres manifestations de l'esprit public dans sa chère ville natale, si la mort n'eût pas interrompu malheureusement son œuvre patriotique et savante.

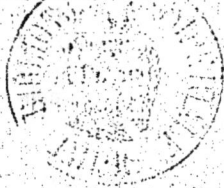

Paris. — Imp. Paul Dupont, 45, rue Grenelle-Saint-Honoré

www.ingramcontent.com/pod-product-compliance
Lightning Source LLC
Chambersburg PA
CBHW060713280326
41933CB00012B/2414